RÉPONSE

à

L'Auteur anonyme.

RÉPONSE

D'UN MEMBRE

Du Conseil municipal d'Aurillac,

A L'AUTEUR ANONYME

Des Observations sur le Compte rendu par Sept Membres de ce Conseil.

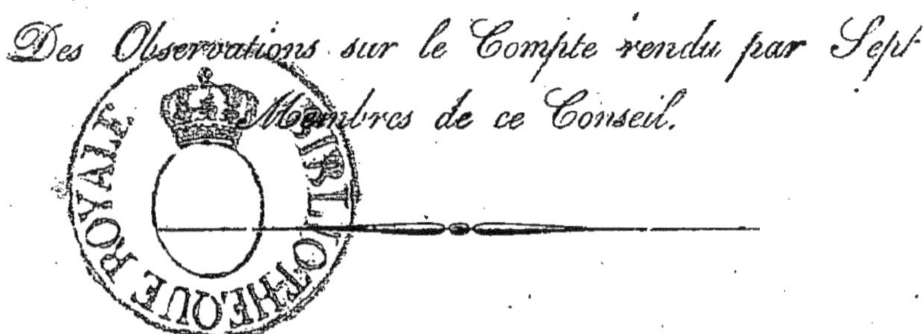

Je suis l'un des *sept membres* du Conseil municipal, signataires du Compte rendu, etc.;

Et vous, auteur des observations sur notre compte, défenseur arrogant et officieux de la majorité d'un Conseil qui apprécie à sa juste valeur votre zèle intéressé ; vous, qui vous couvrez du manteau honteux de l'anonyme ;

Qui êtes-vous..... ?

Etes-vous du nombre de ces citoyens qui ont traversé les orages révolutionnaires sans y avoir pris aucune part? Non, car, si l'on consultait des actes publics de ces époques, peut-être trouverait-on que vous y avez trempé d'une manière médiate ou immédiate.

Etes-vous du nombre de ceux que la République a vus républicains; que l'Empire a vus souples et rampans, parce qu'ils étaient ambitieux?........... peut-être.

Etes-vous de ceux que la Restauration a trouvés d'abord

royalistes et complaisans jusqu'au fanatisme, et qui plus tard, déchus dans leur ambition, sont devenus libéraux, puis patriotes, puis *juste-milieu par calcul*, c'est tout dire? ....je le crois.

Etes-vous, enfin, du nombre de ceux qui cédant d'abord à la conviction de leur conscience, ont été libéraux jusqu'en 1830, et qui plus tard, n'ayant pas assez de force pour résister aux adroites insinuations du pouvoir, ont retrogradé dans la route, et sont, peut-être, plutôt trompés que trompeurs?....... je l'ignore.

Qui que vous soyez, hermaphrodite politique, quoique ce ne soit pas pour moi chose facile de lutter avec un adversaire à tant de faces, vous avez jeté le gant dans un camp qui vous était étranger, je le relève, et je vais vous répondre, non avec votre talent, mais avec plus de franchise.

Je n'essayerai pas de vous détourner de *l'abyme dans lequel vous courez risque de tomber, et où vous voudriez entraîner une population amie de l'ordre et de la liberté*, parce que, d'abord, quant à vous, vous avez trop d'expérience, vous êtes trop habile, pour ne pas vous tirer d'un mauvais pas; vous vous recommandez à tant de partis par vos antécédens, que si vous ne pouvez compter sur leur gratitude, du moins vous devez compter sur leur indulgence.

Quant à la population, elle a son intelligence, son instinct consciencieux, et ne redoute pas plus la mauvaise direction dans laquelle vous nous prêtez de vouloir l'entraîner, qu'elle n'a besoin de vos conseils, qu'elle sait apprécier, pour l'empêcher de la suivre.

Oui, *l'esprit de parti a mis tout en œuvre pour entraver l'expression de l'opinion publique*;

Il a cru d'abord, qu'une adresse ne contiendrait que des félicitations, et pas autre chose; qu'elle serait calquée sur les nombreuses adresses transcrites sur les registres des délibérations, qui contiennent tant de formules *de fidélité.*

Une partie du Conseil voulait une adresse de félicitations ; une autre partie en voulait aussi une, dans l'espoir qu'elle exprimerait avec énergie les vœux, les besoins et l'esprit de la population, et nous n'en voulions d'aucune espèce ; et pourquoi ? L'auteur anonyme le sait bien ; mais il n'a pas eu la bonne foi de le dire.

Pourquoi n'en voulions-nous pas ?

Parce que connaissant l'esprit et l'opinion d'une grande partie du Conseil, nous pensions qu'en même tems que l'adresse serait louangeuse, elle contiendrait aussi avec l'énergie que produit la conviction, les vœux et les besoins du pays ; que M. le Préfet qui se plaît à faire de la force contre toute espèce d'opposition, l'improuverait, et que son influence agirait sur le Conseil pour la faire rejeter. Le public sait aujourd'hui si nous nous sommes trompés dans nos prévisions.

C'est étonnant, c'est même une faute, l'auteur anonyme en convient, de prendre pour rédiger un projet d'adresse, trois personnes sur cinq qui n'en voulaient pas, et quatre sur cinq des mêmes personnes qui voulaient une adresse qui exprimât avec énergie et respect les vœux, les besoins et l'esprit de la population. Nous l'avons dit, et vous l'avez répété ; non, la majorité n'a pas été conséquente, quand plus tard, elle l'a rejettée ; voilà le seul reproche qu'on peut lui faire.

Mais où trouvez-vous de la conscience et de la générosité ?.... dans cette détermination qui a voulu que toutes les nuances d'opinions fussent représentées, lorsque quatre membres du Conseil, sur cinq, avaient franchement exprimé la leur, que tout le monde connaissait.

La minorité, dites-vous, *doit apporter de la loyauté et de la franchise dans l'exécution d'une mesure adoptée par la majorité, et assurer la délibération prise dans le sens et l'esprit qui l'ont formée....*

Si c'est là votre code de franchise et de loyauté, je doute, malgré les erreurs de l'esprit de parti, que vous ayez jamais beaucoup d'adeptes à votre école.

La franchise et la loyauté ne consistent pas à faire de l'opposition par intérêt et par calcul.

Non, il n'est pas franc et loyal, celui qui poussait des cris de blâme contre les budgets de la restauration, et qui, puisant aujourd'hui dans ceux de la révolution de 1830, traite de factieux ceux qui les trouvent ruineux pour le peuple. Non, il n'y a pas de franchise et de loyauté dans les hommes qui ne basent leurs opinions que sur les faveurs du pouvoir.

La franchise et la loyauté consistent à exprimer sans détour et sans arrière-pensée, une opinion consciencieuse et non simulée.

Hors de là, il n'y a que fourberie et duplicité.

Quatorze contre six, *majorité imposante*, dites-vous, c'est une erreur de fait.

Sept signataires du Compte rendu, M. D...... qui affirme avoir voté pour l'adresse, font huit; M. V...... qui a cru de son devoir de déclarer au Conseil, qu'après quelques explications, il avait reconnu qu'il avait mis dans l'urne de rejet, la boule d'adoption, au lieu de celle de rejet, qu'il avait réellement l'intention d'y mettre, font neuf; ce qui réduit la majorité à onze.

Singularité remarquable! imposante majorité! onze contre neuf; sur lesquels onze on compte cinq fonctionnaires publics qui ont pu se croire obligés de subir l'influence d'un pouvoir aussi exigeant que celui de la restauration.

Oui, nous étions de cette minorité qui croyait ne pas devoir faire d'adresse (j'ai déjà dit pourquoi); nous l'avons voulu plus tard, parce qu'elle exprimait les vœux, les besoins et l'esprit de la population, et non pas sans doute les vœux de l'anonyme, ni de bien d'autres qui trouvent que tout va bien, pourvu qu'ils puissent profiter de quelques miettes du budget; mais, j'en suis bien certain, elle exprimait ceux de cette population qui souffre de la disette des grains, de la gêne du commerce, de la stagnation de l'industrie, du défaut de confiance, et surtout des impôts énormes qui nous accablent.

Oui, nous reconnaissons qu'il est bon de faire des adresses pour exprimer les vœux et les besoins, sans en exclure le respect que l'on doit au caractère d'un Prince, et sans descendre au rôle vil et honteux d'un courtisan.

Oui, comme vous le dites fort bien, *personne ne se trompe, et personne ne peut se tromper;* mais c'est au sujet des félicitations banales et véritablement bouffies que vous vouliez seulement, dans l'espoir de les faire tourner à votre profit; et quelles félicitations, grand Dieu! pour un *Prince de la liberté*, que celles de certaines personnes, qui sous le voile d'un sentiment de fière indépendance et de noble modération, cachent un caractère politique, servile et intéressé. C'est là, en effet, dites-vous, *la tactique des minorités vaincues, de mettre toujours en discussion des idées exagérées qui leur permettent de manifester leurs opinions bouffies,....... et de faire du patriotisme de mots et de paroles, pour se consoler de leur défaite.*

A la première partie de cette phrase, où l'on pourrait peut-être remarquer l'arrogance prétentieuse de l'anonyme, il me suffit de répondre que ce n'est là qu'une figure de rhéteur, inconvenante et de mauvais goût, qui prouve plus de *suffisance* que d'esprit; et quant à la dernière partie, j'accuserai la maladresse de l'auteur, qui en jugeant les autres d'après lui-même, a facilité les moyens de le reconnaître.

Vous allez, dites-vous, *passer au projet d'adresse, avec un serrement de cœur, qui prouve combien votre tâche devient pénible.*

Avec un serrement de cœur! je le conçois : peut-être

l'un de vous, car s'il faut en croire M. D......, vous êtes à triple visage, a été saisi de remords en critiquant la pensée d'un homme dont il s'est honoré pendant long-tems d'être l'ami, le confident, et dont il n'était peut-être que le commensal.

Des félicitations ! où sont-elles? dites-vous ; *serait-ce dans le rapprochement ridicule de l'élève de Fenélon avec le Duc d'Orléans?*

Une autre personne a trouvé comme vous la comparaison ridicule.

Mais dites-moi, si l'esprit de parti ne vous aveuglait, votre sagacité et votre jugement ne vous eussent-ils pas dit qu'on ne voulait pas comparer un Prince accompli avec un jeune Duc qui commence sa carrière? que le rapprochement n'était seulement relatif qu'aux moyens que l'un et l'autre avaient choisis pour connaître l'opinion publique? rapprochement louangeux pour le jeune Prince, qui a pris le meilleur moyen pour apprendre à connaître les hommes, celui de les voir de plus près.

Comparaison ridicule, d'un Prince à l'autre, c'est vrai; mais il y a quelque chose d'aussi ridicule, c'est le rapprochement que vous faites du *juste-milieu* avec le véritable patriotisme et la liberté.

Qu'alliez-vous lui dire à Paris, dites-vous, à ce Roi populaire, contre lequel vous voudriez nous mettre en scène avec tant de perfidie? L'auteur anonyme aurait pu faire la demande et la réponse ; il n'a pas osé............ Qu'allions-nous lui dire !..... Je vais vous l'apprendre, s'il est vrai que vous ne le sachiez pas. Nous allions au nom de nos concitoyens appeler la bienveillance du nouveau Pouvoir sur des hommes que nous avions cru bons, patriotes de cœur et non par calcul, dévoués plutôt à l'intérêt général qu'à leur intérêt particulier ; sur des hommes qui, après avoir été dotés de quelque autorité, n'ont pas craint ensuite de signaler une population dont les mœurs sont douces et paisibles, comme un ramas de factieux, avides de sang et de pillage; *avec lesquels il fallait en finir, et pour qui le tems de l'indulgence est passé*: des hommes enfin, en qui nous n'avons trouvé qu'égoïsme, intolérance absolue et injustice.......

Robespierre et Marat nous font horreur, dites-vous, vous êtes bien indulgent; *nous avons pris une mauvaise route*, vous êtes bien hardi de prétendre pouvoir nous en indiquer une de meilleure; vous qui, s'il faut en croire certaine chronique, avez flatté tous les partis; vous, qui avez fêté l'invasion étrangère; vous, dont le fanatisme (dit-on) porta des mains sacriléges sur le buste du grand homme; vous, qui avez prêché en chaire en faveur de cette restauration, dont par calcul vous avez été plus tard l'ennemi acharné; vous, qui avez souri en geolier aux proscriptions de 1815, vous voulez nous donner des leçons! Non, le tems de l'erreur est passé.... Si, jadis, cachant sous le voile du patriotisme la soif des honneurs et de l'or dont vous étiez dévoré, vous avez pu séduire des personnes faciles et crédules, aujourd'hui, cette population vous connaît, elle vous a jugé; elle sait que si, dans tous les tems, sous tous les régimes, vous avez fait de l'opposition pour renverser le pouvoir, c'est parce qu'il ne voulait pas de vous, et que vous vouliez être quelque chose.

Quoi! dites-vous, *vous membres du Conseil municipal vous méconnaissez l'existence d'institutions fortes et libérales en France! vous osez dire qu'elles ont été si souvent promises et par conséquent jamais accordées! et que pensez-vous de la Charte de* 1830, *de la liberté civile et religieuse, de la liberté illimitée de la presse, de la loi sur la garde nationale, de celle sur l'organisation municipale, etc.?*

Et après cette énumération, vous vous étonnez que nous ne partagions pas votre contentement. Eh bien! oui, j'ose encore le dire, la commune Patrie a besoin d'institutions fortes et libérales, si souvent promises et réclamées ; oui, j'ai la bonhomie de croire, quand je l'entends affirmer par le Vétéran de la liberté, que des institutions républicaines ont été promises, et, comme lui, j'ai le tort de penser qu'elles n'ont pas encore été accordées.

Vous dites, un peu plus bas, *que demandez-vous? est-ce la République?*

Malgré votre point d'interrogation, il ne me plaît pas de répondre à votre insidieuse question ; mais je vous dirai pourtant que la République n'est pas aussi hideuse et aussi effrayante que vous voulez bien la faire ; je ne la vois pas comme vous avec son bonnet rouge, son drapeau rouge, ni avec ses échafauds et ses tribunaux révolutionnaires. Je la vois puissante, glorieuse, modérée, et assise sur les véritables bases d'économie publique.

J'examine ce qu'elle a été dans les tems passés, et ce qu'elle est dans les tems modernes ; et je ne vois pas que les peuples qui ont possédé un pareil gouvernement aient eu précisément à s'en plaindre. Je remarque que dans les républiques anciennes naissaient des Miltiade, des Epaminondas, des Léonidas, des Démosthènes, des Praxitèle, des Phidias, ou bien des Fabius, des Métellus, des Caton, des Cicéron, tous gens comparables à MM. de Montalivet, Barthe, etc., et même à l'auteur anonyme de la Brochure à laquelle je réponds.

Je m'apperçois encore que dès que nous voulons inspirer à nos enfans l'amour de la vertu, de la gloire et de la patrie, nous sommes obligés d'avoir recours à quelques-uns de ces auteurs républicains, où ils trouvent toujours à admirer des actions nobles et généreuses ; et je pense que cette lecture élève autant leurs jeunes ames, qu'une circulaire de M. de Montalivet, un mandement de Monseigneur, ou une proclamation de M. le Préfet.

Avec la République, je vois des peuples fiers, braves, généreux ; aimant les arts et les cultivant avec succès ; et dès qu'ils ont le malheur d'abandonner une forme de gouvernement à laquelle ils devaient toutes leurs vertus, je vois ces mêmes peuples lâches, dégradés, avilis, corrompus, et retombant dans la barbarie.

De nos jours, je vois un état qui, tant qu'il vivait à l'ombre d'un gouvernement monarchique, végétait tristement: mais tout-à-coup il s'éveille, secoue sa chaîne, la brise, et dès-lors donne naissance à des Franklin, à des Washington; prend en peu d'instans un accroissement prodigieux, et de mince colonie qu'il était naguères, je le vois déjà prêt à disputer l'empire des mers aux léopards britanniques. Certes, un habitant des Etats-Unis n'échangerait pas son glorieux titre de citoyen de l'Union contre celui de sujet des Monarques de l'Europe.

Et plus près de nous, la Suisse serait-elle si forte et si redoutée, si elle vivait sous un régime monarchique.

Mais vous me direz que nous avons déjà fait un essai de la République, et qu'il n'a pas été heureux; sans doute, du sang pur a été versé; je suis le premier à le reconnaître, et j'ai dans les yeux plus de larmes que vous pour le pleurer; mais combien de principes féconds, combien de résultats heureux n'a-t-elle pas amenés; par elle l'humanité toute entière marche vers une ère nouvelle de bonheur et de liberté.

Et ne doit-on pas encore faire la part des circonstances, et faut-il si légèrement accuser des hommes qui sauvèrent la France de l'invasion étrangère.

Leur terrible énergie n'était-elle pas commandée par la conspiration flagrante au-dedans, et par l'Europe coalisée et en armes au-dehors, qui nous entourait d'un immense réseau de bayonnettes. Croyez-moi, la République ne fut pas sans gloire; et si elle eut ses Robespierre, ses Marat, elle eut aussi ses Lanjuinais, ses Carnot, ses Barnave, ses Vergnault, ses Merlin, ses Arnault, ses Chénier, ses David, ses Kléber, ses Désaix, ses Marçeau, etc., etc.

Un peuple qui passait de l'état féodal à l'état de liberté avait tant d'injures à venger, qu'il ne faut pas s'étonner si dans son aveugle fureur il fit couler à flots du sang innocent.

Mais quand la main de l'homme prodigieux la fit courber sous lui, elle était glorieuse et prospère ; il ne fallait que changer quelques chefs dirigeans, et avec elle la France pouvait espérer une longue suite de jours fortunés.

Selon moi, le peuple de juillet, si brave dans le combat, si généreux après la victoire, et qu'on ne peut sans crime comparer au peuple de 93, avait montré assez de vertus pour être cru digne de vivre sous un régime républicain.

Il n'en a pas été ainsi, et de suite vous avez enfourché votre lourd pégase, en entonnant une hymne vraiment pindarique, et vous nous avez crié dans votre délire poétique : *aimons Philippe, aimons nos lois*, tout comme vous nous auriez crié aimons la République, si elle avait été proclamée en juillet, parce que vous auriez pensé qu'elle n'aurait pas manqué de solder votre dévouement empressé d'une petite sinécure, etc.

Mais cette pauvre République que vous flétrissez aujourd'hui, vous ne la détestiez pas tant autrefois ; à en croire du moins *certaine anecdote*, *fausse assurément*, on dit que vous l'avez célébrée jadis dans un vaudeville, et je suis fâché que vous n'ayez pas imprimé à cette œuvre le cachet de génie qui distingue votre hymne pindarique ; car il serait sans doute parvenu jusqu'à nous, et nous servirait peut-être à vous mettre en contradiction avec vous-même.

Vous avez donc chanté la République, elle n'a pas soldé votre dévouement, et vous l'avez délaissée, aussi a-t-elle péri.

Vous vous êtes offert à l'Empire qui vous a peut-être dédaigné, et vous vous en êtes vengé en le délaissant aussi, et en lui refusant au moment du péril le puissant appui de votre *francisque et de votre sayon ;* nouvel Achille, boudeur et courroucé, comme lui retiré dans votre tente, vous avez laissé pénétrer Hector dans le camp d'Agamemnon, et vous n'avez pas lancé sur la tête impie du Baskir et du Pandour les *blocs de nos monts entassés.*

Est-ce à dire, dites-vous, *que notre Gouvernement n'est pas fondé sur la volonté nationale ?.......*

A ce petit passage provocateur et jésuitique tout-à-la-fois, parce qu'il appelle une réponse que vous savez bien ne pouvoir être complette; parce que quoique notre parquet soit débonnaire, ici comme à Paris, sont à craindre les serres du ministère public, qui se plaît quelquefois, comme vous le savez, à poursuivre cette pauvre presse qui, selon vous, jouit d'une liberté si illimitée. Je pourrais pourtant répondre que l'on aurait dû consulter la volonté nationale, lorsqu'il fut question de changer de gouvernement, ainsi que l'avait fait Napoléon.

Quant à moi, je n'ai parlé de République que pour la venger des outrages que lui prodiguent certains hommes, qui ne savent voir de gouvernement possible et convenable à la civilisation, que celui qui est entouré de courtisans et qui récompense les flatteries et les basses complaisances.

J'ai salué avec joie, comme tant d'autres, l'avénement de Philippe au trône; et ce que je veux, ce que je désire, c'est qu'il ouvre les yeux, c'est qu'il s'apperçoive, et il en est le tems, qu'on le trompe, qu'on lui cache la misère publique, et la véritable opinion de la France.

Donc, la Patrie n'est pas actuellement heureuse, dites-vous.

Et vous la trouvez prospère, tout vous sourit. Quand le Kan de Tartarie a dîné, on dit qu'il fait crier par un hérault public que tous les princes de la terre peuvent dîner, si bon leur semble : voilà l'orgueil d'un barbare.

Et vous, quand vous avez flairé le vent du pouvoir qui vous a souri, et que vous avez dîné, vous croyez que tous les autres ont dîné, tout va bien, la Patrie est prospère.

Singulier rapprochement! de l'orgueil de l'un avec l'égoïsme de l'autre.

Si quelqu'un n'a pas de quoi dîner, dans votre épanchement patriotique, vous lui dites : venez avec nous, nous allons à Saint-Flour; venez crier vive le Roi, vive le Duc d'Orléans, à bas les Républicains, les Bonnets rouges, les Carlistes, les 93, etc., et vous dînerez bien.

Et si l'on vous répond, mais nous violerions la discipline, nous désobéirions à nos chefs. Bah! Ne les écoutez pas, ce sont des factieux; nous avons des ordres écrits qui viennent de plus haut. Venez-y à pied, avec armes; vous reviendrez en voiture et sans armes.

Voilà vos œuvres, hommes de paix et de concorde; voilà votre influence; de l'argent pour ceux qui n'en ont pas, pourvu qu'ils servent vos projets;

Des promesses trompeuses pour quelques jeunes ambitieux, pourvu qu'ils fassent ce que vous voulez; et de la violence, que vous déguisez sous le manteau des convenances, pour quelques fonctionnaires timides.

Voilà votre patriotisme, hommes qui vous dites les conquérans et les défenseurs de la révolution de Juillet, de la Charte de Juillet, du Trône de Juillet; gardez-le pour vous; le peuple n'en veut pas de ce patriotisme d'égoïsme, de corruption et de violence; vous l'avez vu, vous l'avez entendu, il a fait justice de vos intentions et de vos actes insensés.

Vous parlez de gloire et de liberté!..., Ah! Messieurs, que j'envierais pour mon bonheur, le prisme enchanté à travers lequel passent vos regards! Quoi! ce malaise universel, cette misère générale, ces cris de douleur, ces populations qui s'égorgent, cet effrayant suicide national qui se commet devant vos yeux, est-ce là de la gloire?...... Et ces citoyens traînés dans les cachots, ces violations de domicile, ces peines menaçant la tête de ceux qui ne dénoncent pas le blessé dont ils ont pansé la plaie, ces jeunes générations condamnées à la mort politique, l'histoire elle-même jetée toute honteuse en proie au dévouement traditionnel des parquets, est-ce là de la liberté?...... L'on parle de gloire! et les Français qui ont abattu des Français, ne gémissent pas de leur triomphe! et les vainqueurs du peuple de Lyon, de Grenoble et de Paris réclament des récompenses! et sur leur poitrine va briller cette Etoile glorieuse que Napoléon donnait à ses soldats, car ceux-là ne versaient que le sang de l'ennemi ! ! !

Pour nous, nous n'avons pu voir sans douleur, ces hommes dont nous étions habitués à prononcer le nom avec estime, que l'opinion publique avait presque déifiés, détourner à leur profit, les bienfaits de notre révolution, et briser cet élan généreux, qu'ils n'avaient secondé sans doute un instant, que pour en profiter ; nous les meurtrissons des coups de notre indignation ces serfs du pouvoir, dont le triste système nous a tous divisés.

Quand viendra cette ère heureuse, où toutes les opinions consciencieuses et désintéressées seront respectées et permises ; quand les Journalistes ne se débattront plus sur les bancs des assises, marchandant noblement leurs têtes au bourreau ; quand la France insultée, pourra brandir sur l'ennemi le vieux glaive de ses conquêtes ; quand des Ministres qui croient aimer la vérité, n'auront plus de destitutions pour les députés qui la leur disent à la Tribune, alors nous dirons : *liberté* ! ! !

Quand nous aurons vu l'île de Léon nous absoudre du meurtre de Torrijos, l'Italie heureuse et libre de ses chaînes, les Polonais recouvrer avec leur patrie, les tombes de leurs héros ; quand nous aurons vu cesser le carnage de ces jeunes hommes dont le cœur est un autel où s'alimente le feu sacré de l'indépendance ; quand nous aurons vu tomber les doctrines vuides et impuissantes du *juste-milieu*, et relever toutes ces têtes qui se courbent maintenant si bas au vent de la faveur, alors nous crierons *gloire* ! ! !

J.h SALARNIER.

Aurillac, le 29 Juin 1832.

Imprimerie de Picut, libraire.

www.ingramcontent.com/pod-product-compliance
Lightning Source LLC
LaVergne TN
LVHW010414240826
846091LV00020B/3762